VENTE

Du Vendredi 9 Février 1912

HOTEL DROUOT, SALLE Nº 11

A DEUX HEURES

TAPISSERIES ANCIENNES

DU XVIIIᵉ SIÈCLE

ESTAMPES, DESSINS, TABLEAUX

DOCUMENTS SUR LES COIFFURES

FAIENCES ET PORCELAINES

OBJETS VARIÉS

Appartenant à Monsieur P***

COMMISSAIRE-PRISEUR

Mᵉ FERNAND COUTANCEAU

EXPERTS

MM. PAULME & B. LASQUIN Fils

CATALOGUE

DES

Estampes Anciennes et Modernes

DESSINS, TABLEAUX, AQUARELLES

RELATIFS AUX MODES ET COIFFURES

FAIENCES ET PORCELAINES

Marseille, Moustiers, Chine, Saxe, etc.

OBJETS VARIÉS

TAPISSERIES ANCIENNES

D'AUBUSSON DU XVIIIe SIÈCLE

Le tout appartenant à Monsieur P***

DONT LA VENTE AUX ENCHÈRES PUBLIQUES AURA LIEU

HOTEL DROUOT, SALLE N° 11

LE VENDREDI 9 FÉVRIER 1912

à deux heures

COMMISSAIRE-PRISEUR	EXPERTS
Me **FERNAND COUTANCEAU**	**MM. PAULME & B. LASQUIN fils**
7, rue Sainte-Anne	10, rue Chauchat | 11, rue de la Grange-Batelière

PARIS

Chez lesquels se distribue le présent Catalogue

EXPOSITION PUBLIQUE

Le Jeudi 8 Février 1912, Salle n° 11, de 1 h. 1/2 à 6 h.

CONDITIONS DE LA VENTE

Elle sera faite au comptant.

Les adjudicataires paieront *dix pour cent* en sus des enchères.

L'exposition mettant le public à même de se rendre compte de l'état et de la nature des objets, il ne sera admis aucune réclamation une fois l'adjudication prononcée.

Paris. — Imp. de l'Art, CH. BERGER, 41, rue de la Victoire.

DÉSIGNATION

ESTAMPES

AQUARELLES, DESSINS

TABLEAUX

1 — Photographies sur les modes.

2 à 5 — Sous ce numéro, aquarelles et dessins non décrits.

6 à 10 — Sous ce numéro, gravures modernes, copies d'anciennes, sur les coiffures.

11-12 — Six gravures : Portraits de Napoléon et de sa famille, et de la Maison de France.

13 à 15 — The Promenade in Saint-James Park.
— Promenade de la Galerie du Palais-Royal.
— Promenade du Jardin du Palais-Royal.
— La Promenade publique. — Quatre gravures en couleurs. Copies modernes.

16 à 20 — Sous ce numéro, copies de gravures anglaises, d'après Gainsborough, Th. Lawrence, Fragonard, etc.

21 — Deux gravures anglaises et françaises : Caricatures sur les hautes coiffures.

22 — Petite gravure ovale anglaise : les Deux Amies.

23 — Quatre petites gravures ovales anciennes, en couleurs, sur les coiffures : Portraits de femmes.

24 — Quatre petites gravures anciennes : Portraits de femmes, enfants.

25 — Le Nouveau Jeu des Modes françoises. Gravure ancienne. London, Printed, for Robert Sayer, N° 53, Fleet Street et J^ne Smith, N° 35, Cheapside.

26 — Exposition au Salon du Louvre en 1787. Gravure. Cadre baguette en bois sculpté. Epoque Louis XVI.

27 — Trente-deux vignettes en gravures sur les coiffures de femmes au XVIIIᵉ siècle. Dans deux cadres.

28 — *Offrande à l'amour.*

Gravure ovale ancienne, imprimée en couleurs.

BARTOLOZZI (F.)

29 — *Louise Hammond.*

Gravure ancienne en couleur, médaillon ovale, d'après Angelica Kauffmann. Encadrée.

BAUDOUIN (D'après)

30 — *Le Carquois épuisé.*

Dessin à la plume.

BAUDOUIN (D'après)

31 — *La Sentinelle en défaut.*

— *L'Épouse indiscrète.*

Deux gravures en noir, par De Launay. Encadrées.

BAUDOUIN (D'après)

32 — *Le Soir.*

Gravure ancienne en noir. *A Paris, chez De Ghendt et Desmarest.* Marge. Encadrée.

BOILLY (D'après)

33 — *L'Amour couronné.*

Gravure ancienne en noir, par CAZENAVE. Encadrée.

CHALLE (D'après)

34 — *The officious Waiting Woman.*

Gravure coloriée, gravée par CHAPONNIER.

CHAPONNIER (M^dre)

35 — *La Lettre désirée.*

Gravure ancienne, d'après FOURNIER. Marge. Encadrée.

CHATAIGNIET

36 — *Ah! quelle antiquité!!! Oh! quelle folie que la nouveauté...*

Gravure en couleurs sur les modes. *A Paris, chez Depeuille.* Encadrée.

CIPRIANI (D'après)

37 — *Flora.*

Gravure en bistre, par BARTOLOZZI.

DEBUCOURT

38 — *Minet aux aguets.*

Gravure ancienne en médaillon ovale. Encadrée. Cadre en bois sculpté.

DEBUCOURT

39 — *La Croisée.*

> Gravure en noir.

DUBRUSLE (D'après)

40 — *La Bouquetière.*

> Gravure en couleurs, par AUGRAND.

DURUISSEAU

41 — *La Toilette pour le bal masqué.*

> Gravure ancienne imprimée en couleurs. Très petite marge. Encadrée.

ÉCOLE ANGLAISE

42 — *La Bonne mère.*

> Gravure ancienne en bistre. Médaillon rond. Marge. Encadrée.

ÉCOLE ANGLAISE

43 — *La Jarretière. — La Lecture. — La Promenade. — Jeunes femmes dans des paysages.*

> Trois gravures anciennes en couleurs. Encadrées.

ÉCOLE FRANÇAISE (xviiiᵉ siècle)

44 — *Jeune Fille jouant de la harpe.*

> Pastel ovale.

ECOLE FRANÇAISE

45 — *La Toilette.*

Petit dessin plume et lavis.

ÉCOLE FRANCAISE

46 — *La Toilette.*

Dessin au crayon rehaussé de blanc.

ÉCOLE FRANÇAISE

47 — *Festin de jeunes femmes dans un intérieur Louis XVI.*

Dessin plume et lavis.

FATOU (Chez)

48 — *La Mère intéressante.*

Gravure en bistre.

FRAGONARD (D'après)

49 — *L'Amour vainqueur.*

Gravure ancienne en noir, par MARIAGE. Petite marge. Encadrée.

FRAGONARD (D'après)

5o — *La Servante d'amour.*

Très petite gravure ancienne ronde en couleurs.

GÉRARD (D'après Mlle)

5 1 — *Le Judas. — Le Bouquet inattendu.*

> Deux gravures en noir, par H. GÉRARD. Marges.
> Encadrées.

LANOS (H.)

5 2 — *La Chaise à porteurs.*

> Gouache dans le goût du XVIIIe siècle.

LE PRINCE (D'après)

53 — *Portrait de Jeune Femme vue de profil.*

> Dessin rehaussé de pastel.

LAWREINCE (D'après)

54 — *La Comparaison. — L'Aveu difficile.*

> Deux gravures en couleur.

MORLAND (D'après)

55 — *Jeune Femme assise à une table, les mains jointes.*

> Gravure en couleurs au pointillé. Médaillon
> ovale, par MARYE.

MORLAND (D'après)

56 — *Contemplation.*

> Gravure anglaise, ancienne, en noir, gravée par
> WARD.

PICART

57 — *Motion faite au Palais-Royal par Camille
Desmoulins.*

> D'après PRIEUR, gravé par BERTHAULT.
> Trois gravures.

SAINT-AUBIN (D'après AUG. DE)

58 — *Odalisque. — Validé.*

> Deux petites gravures en couleurs, médaillon
> ovale. Gravé *par* T^{ss}-E^{re} HEMERY, *f^{me} Lingée, de
> l'Académie R^{le} de Marseille.* Encadrées.

TAUNAY (D'après)

59 — *La Foire de Village.*

> Gravure ancienne en couleurs, par DESCOURTIS.
> Encadrée.

TOMPSON

60 — *Marquis et Jeune Femme dans un intérieur.*
> Petite aquarelle. Signée.

WILLE LE FILS (P.-A.)

61 — *Petit Waux-Hall.*

Gravure ancienne en noir.

62 à 65 — Sous ces numéros, Tableaux anciens
et modernes. (Seront divisés.)

FAIENCES ET PORCELAINES

66 — Trois assiettes à bord contourné en ancienne faïence de Marseille, décor à gerbes de fleurs en couleurs.

67 à 70 — Vingt plats et assiettes en faïence moderne genre Marseille et autre.

71 — Assiette à bord contourné en ancienne faïence de Delft, décor bleu.

72 — Assiette en ancienne faïence de Moustiers, décor en couleur : médaillon central à sujet mythologique; marli à guirlandes.

73 — Deux petits bustes : Homme et femme, en faïence décorée.

74 — Paire de vases en céladon craquelé de Chine, décor en émaux de couleurs et bandes biscuitées.

75 à 77 — Lot de vases : potiches, en faïences modernes ou imitation de Delft; Moustiers, Nevers, etc.

78 — Potiche couverte à pans en faïence de Delft, décor bleu.

79 — Paire de potiches couvertes, à côtes, faïence de Delft, décor bleu.

80 — Paire de candélabres, à cinq lumières, en porcelaine décorée.

81 — Grande statuette de jeune femme dansant, en porcelaine décorée.

82 — Statuette de Mercure en ancienne porcelaine allemande.

83 — Groupe en porcelaine décorée : l'Enlèvement d'Europe.

84 — Coupe, formée d'une figurine d'homme couché, tenant une corbeille, en porcelaine décorée.

85 — Statuette de Cérès en biscuit.

86 — Chat et chimère en céramique japonaise.

87 à 90 — Six groupes de statuettes en porcelaine décorée, genre Saxe et autres.

OBJETS VARIÉS

91 — Miniature ronde : Portrait de femme en Flore. Fin du xviiie siècle.

92 — Feuille d'éventail en soie peinte, et pailletée. xixe siècle.

93 — Feuille d'éventail, sujet peint à la gouache : réunion de personnages dans un parc. xviiie siècle.

94 — Deux poupées en bois sculpté polychromé, costumées. Ancien travail italien.

95 — Statuette de Chinois en plomb.

96 — Brûle-parfum à couvercle, reposant sur trois pieds, en bronze chinois.

97 — Statuette de divinité chinoise, en bois sculpté.

TAPISSERIES ANCIENNES

98 — Tapisserie rectangulaire, verdure d'Aubusson du xviiiᵉ siècle : paysages, avec habitations et deux grands oiseaux aquatiques. Encadrement de bordure, à arabesques feuillagées et fleuries, sur fond brun.

Haut., 2 m. 8o cent.; larg., 2 m. 3o cent.

99 — Tapisserie rectangulaire, verdure d'Aubusson du xviiiᵉ siècle : paysage avec habitation à clocheton, cours d'eau, et oiseaux. Encadrement de bordures à enroulement de feuillages, fleurs et ruban.

Haut., 2 m. 6o cent.; long., 3 m. 55 cent. environ.

100 — Panneau rectangulaire en tapisserie-verdure d'Aubusson du xviiiᵉ siècle : paysage avec habitations et oiseau ; fond de collines. Bordures haut et bas enroulement de feuilles d'acanthe et fleurs.

Haut., 2 m. 55 cent.; larg., 1 m. 45 cent. environ.

101 — Tapisserie rectangulaire, verdure d'Aubusson du xviiiᵉ siècle : paysage avec cours d'eau, et flore exotique. Encadrement de

bordures, enroulement de pivoines sur baguette et guirlandes de fleurs.

Haut., 2 m. 65 cent.; larg., 1 m. 95 cent. environ.

102 — Panneau en ancienne tapisserie d'Aubusson, xviiie siècle : parc avec habitations, et deux faisans. Bordures haut et bas feuillages, fleurs et rocailles.

Haut., 2 m. 90 cent.; larg , 1 m. 35 cent. environ.

103 — Petit panneau, en ancienne tapisserie d'Aubusson : femme dans un paysage. Bordure double haut et bas, simulant une moulure de cadre, à coquille, ruban et arabesques fleuries. xviiie siècle.

104 — Tapisserie rectangulaire, verdure d'Aubusson. Encadrement de bordure, guirlandes, chutes de fleurs, cage avec oiseaux. xviiie siècle.

Haut., 2 m. 80 cent.; larg., 4 m. 65 cent. environ.

105 — Tapisserie rectangulaire, en deux parties, verdure d'Aubusson : parc avec jet d'eau chien et oiseaux. Encadrement de bordure à feston de fleurs et feuillages. xviiie siècle.

Haut., 2 m. 80 cent.; larg., 3 m. 50 cent. environ.

106 — Tapisserie rectangulaire, verdure d'Aubusson du xviiie siècle : paysage sous bois. Encadrement de bordure à branchages feuillagés et fleuris, vases, cartouches et culots.

Haut., 2 m. 5o cent.; larg., 2 m. 20 cent. environ.

107 — Tapisserie rectangulaire d'Aubusson du xviiie siècle : paysage avec habitations. Encadrement de bordure sur trois côtés ; enroulement de fleurs sur baguettes.

Haut., 1 m. 95 cent.; larg., 2 m. 15 cent. environ.

108 — Panneau en ancienne tapisserie-verdure d'Aubusson : Paysage avec barrières et oiseaux. Bordures haut et bas. xviiie siècle.

Haut., 2 m. 8o cent.; larg., 1 m. 45 cent. environ.

109 — Panneau rectangulaire en ancienne tapisserie d'Aubusson du xviiie siècle : Paysage. Encadrement de bordure sur trois côtés, écusson, trophées, attributs, guirlandes de fleurs.

Haut., 2 m. 15 cent.; larg., 2 m. 25 cent.

110 — Fragment d'ancienne tapisserie-verdure d'Aubusson du xviiie siècle : Paysage avec habitation et perroquet branché. Encadre-

ment de bordures sur trois côtés, branchages fleuris sur fond noir.

Haut., 2 m. 65 cent.; larg., 1 m. 10 cent. environ.

111 — Partie de tapisserie-verdure d'Aubusson, grand arbre et fleurs. Bordure sur trois côtés à lambrequins et fleurs, coquilles et arabesques. XVIIIe siècle.

Haut., 2 m. 65 cent. ; larg., 1 m. 25 cent. environ.

112 — Petit fragment d'ancienne tapisserie du XVIIIe siècle, à deux personnages : Diane et une suivante.

113 — Fragment de bordure en ancienne tapisserie d'Aubusson, XVIIIe siècle : Festons de feuillages et fleurs.

Long., 2 m. 70 cent.

114 — Fragment de bordure en ancienne tapisserie d'Aubusson : Fleurs et arabesques.

Long., 1 m. 50 cent.

115 — Objets omis.